INS TIEFE SPRINGEN

Gespräche mit Kindern

herausgegeben
von Kristin Wardetzky

ALTBERLINER
VERLAG

Is doch schön, wenn man die Beste is

Na ja, Papa kann ich nich jedes Mal leiden. Der meckert immer soviel. Meistens sagen immer Mama und ick zu ihm »Meckerkopp«. Na ja, meine Mama hab ick gern. Die bringt mir meistens was mit, wie bei'n Sieben Geißlein. Und dann packt se immer aus. Meine Mama kann ick gut leiden, weil se nich soviel meckert.

Na ja, Papa kann ich eigentlich auch leiden. Bloß, wenn er immer soviel meckert. Na ja, der meckert zwar, aber der hat mir auch das Fahrrad gekauft, der hat mir das Schwimmen beigebracht und Skier gekauft. Und nach Klingenthal hat er extra 'ne Woche freigenommen. Und denn hat er mir noch 'n bißchen Skier beigebracht.

Letztens, da hab ick ooch meine Lehrerin angelogen. Da hab ich gesagt, ich hab mein Hausaufgabenheft vergessen. Hatte ich in Betragen 'ne Vier bekommen und keene Unterschrift. Und denn ham se's doch mal rausgekriegt, mußte ich gleich ins Bett. Um vier. Meine Mutti is noch nich böse gewesen, aber mein Vati is immer böse. Aber wenn Mutti böse is, dann wird's schlimm. Is ja doof. Sonst, die unterstützt mich immer vor meinem Vater. Der is so doof. Na ja, stimmt doch. Wenn's ihr zuviel is mit mir, denn sagt se: »Du olle Ziege.« Flenn ick erst 'ne Weile, und denn – die Hälfte wieder raus aus'm Ohr und wieder alles vergessen.

Die Fünf in Mathe hab ich ihr ja ooch nich gezeigt. Kriegt se nich raus. Weißte, warum? Weil se im Matheheft steht. Matheheft gucken sie nie nach. Im Arbeitsheft kriegen se's raus. Aber hier nich. Schlag ich die andere Seite auf, finden die nie raus. Mal, in der Mathe-Arbeit, hab ick 'ne Eins gekriegt, war ich ganz stolz. Hab ick nur den ganzen Weg geprahlt, dreimal gleich geklingelt und »Papa, mach uff!« und gleich Heft rausgelegt und »Guck mal!« Gleich in de Koofhalle gegangen, Zigaretten geholt und zum »Süßen Laden« gegangen, hat er mir Schokolade mitgebracht.

Rechnen mach ich nich mehr gerne. Wär ich nur sitzengeblieben. Dann wär ich jetzt die Beste. Ich möchte jeden Tag in Mathe Einsen,

Einsen, Einsen. Immer nur noch Einsen. Ich möchte die Beste sein. Na ja, klar, is doch schön, wenn man die Beste is. Kriegt man keene Anscheiße mehr. Ich bin irgendwie doof in 'er Birne. Manchmal hab ich 'n kleen Tick hier oben. Mathe, oh.
Doreens Mutter, die is viel besser, die meckert überhaupt nich. Die kann sich alles erlauben. Meine Lehrerin, die möcht ich ooch als Mutter haben. Find ich nett. Hab ich ihr ooch gesagt, in 'ner Pause. Heimlich. Hab ich gesagt: »Weißte was, ich hab dich ganz lieb.«
Und hier, mit dem Liebesbrief von René wollte mir mein Vater ooch eene runterklatschen. Na ja, der, der hat mir schon zwei Liebesbriefe geschrieben. Der is schon in 'er vierten. Weißte, was die manchmal an die Tafel schmiern? 'n Herz mit 'm Pfeil durch und unten U. und R. Und da lachen se immer. Dabei bin ich ja gar nich in den verliebt. Wollte den nur als Freund haben. Der wollte ja schon mal 'n Kuß von mir, na ja, stimmt ja. Er will unbedingt meine Adresse ham. Ich weeß ja, wo er wohnt. Der sieht gut aus und so. Immer wenn er mich sieht, zwinkert der mir zu. Der hat mir auch schon öfters was geschenkt. Zwei Klitzersteine. Ich hab ihm mein Paßbild gegeben. Und 'n nächsten Tag, da hat er mich gesehen und gesagt: »Meiner Mutter gefällt das Paßbild! Weißt du, was se gesagt hat? Sieht niedlich aus!« Und der letzte Satz im Brief, ja, der war total hohl. Da hat er nämlich hingeschrieben: »Liebe kleine, süße Ulrike.« Ooh! Na ja, das hab ich nun wirklich satt. Ein Haufen Fehler hat der gemacht. 16 Fehler!!! Bei Adresse zum Beispiel hat er ein S hingemacht, da müßten eigentlich zwei S hin, oder?
Die Jungs hier aus unserer Klasse, die sind vielleicht doof, na ja, stimmt doch. Immer nur kloppen und so. Und beim Essen, Mittagessen: »Mann, verzieh dir!« Ph, ich pfeif doch nicht ab, nee, wegen den' nich. Wenn die andern mich verkloppen, könnt ich mich selber umbring. Na ja, krieg ich keene Kloppe mehr wenigstens. Ganz einfach. Aber wir machen uns ja 'n Plan, wie wir die Jungen verkloppen können. Oder Mädchenbande gegen Mädchenbande. Ich bin ooch Bandenführer. Aber zu mir gehörn nur zwei. Die andern sind mehr. Aber wir sind natürlich schlauer. Die Ina, die von der anderen Bande, die kann ich nich leiden, die gibt ja nur an, weil se im Ballett is. Unser Plan is viel besser. Zum Beispiel 'ne Falle baun, Loch buddeln, Stöcker drüberlegen, Sand druff, klatsch! – fliegen se rin.

Ick will bloß nich weg von meine Eltern. Immer wenn Papa davon redet, dann wein ick gleich immer. Aber das sind ja noch viele Jahre – bis zur 10. Klasse bin ick ja noch bei meinen Eltern. Später, da will ich höchstens noch da im Haus wohnen, kann ich immer rübergehen, Nachbarn. Und denn denk ich, daß ich 'n Kind kriege. Nee, 'n Kind will ich nich haben. Bloß nich, ich will keen Kind ham. Kann mir det schon vorstellen, daß det weh tut irgendwie. Haben Sie ein Kind? Hat's weh getan?
Und dann denk ich manchmal, daß ich eine Prinzessin bin. Daß ich dann 'ner Hexe begegne und sag: »Du, Hexe, ich will dir mal wat sagen. Du kannst hier nicht die Höchste sein im Wald!« Na ja, und da kommt vielleicht 'n Prinz vorbeigeritten und erschießt die blöde Hexe, und daß se dann zusammen in dem Hexenhäuschen leben. Ham se ganz viel Reichtum und so und überhaupt, daß die Hexe nie wieder auf die Welt kommt.
Na, und manchmal hab ick ooch Sehnsucht nach meine Eltern. Zum Beispiel jetzt, meistens in der Schule. Denn guck ich immer meistens aus Fenster, ob'n Flugzeug fliegt. Denn hab ich immer meistens so'n Schiß. Sehnsucht hab ich, weil ich in der Schule bin, und die sind gerade ganz weit weg, und gerade fängt denn 'n Krieg an. Ham se mich nich mehr. Und da kann ich mir nich vorstellen, daß die Lehrer denn um uns sorgen. Lassen se uns ja ooch einfach loofen. Und denn passiert uns wat. Die Eltern ham ja denn ooch Sehnsucht.
Manchmal hab ick wirklich den Willen, bloß wegen Papa, daß ich mich umbringe. Na, weil mich Papa immer so oft ausmeckert. Denn will ick am liebsten tot sein oder 'n Tier sein. Denn können se mich nie mehr anschnauzen.

Ulrike · 7 Jahre

Die denken, daß se so'n komisches Kind haben ...

Es war mal 'n Mädchen, die wollte immer was anderes machen, was die Eltern nich möchten. Daß se dort hingehen darf, wo se hinmöchte, oder mal alleine in' Wald gehen. Aber da kann se sich ja verlaufen, oder da kommt so'n Mann. Das Mädchen möchte immer, daß se auch alles machen lassen, was se will. Aber die Eltern, die denken, daß se so'n komisches Kind haben, und daß das so nicht mit ihm weitergehen kann.

Manchmal is das Mädchen auch richtig böse auf die Eltern, wenn se ihr paar auf 'n Mund geben. Die streckt Vati und Mutti die Zunge raus, und da kriegt se eins auf 'n Mund. Mal hat se auch Muttis bestes Glas runtergeschmissen, da hat se sich aber geschämt. Und immer sagt die Mutti: »Geh jetzt in dein Bett, ich will dich nicht mehr sehen. Wehe, wenn du noch mal rauskommst!« Aber der Papa, der meckert noch 'n bißchen mehr als die Mutti. Weil se lauter so Quatsch macht oder ungezogen is. Denn is se immer so bockig, und des will se gar nich, und denn is se's trotzdem. Sie will ja immer lieb sein und nichts Böses tun, aber sie schafft es immer nich. Der falln immer so dumme Sachen ein. Aber die Eltern, die solln nicht mehr so böse sein, nicht mehr schimpfen. Die solln ganz lieb sein und alle Wünsche erfüllen. Die Mutti, die erlaubt ja immer mehr. Der Vati, der erlaubt immer meistens, daß se bis vier runtergehen darf, und die Mutti immer 'ne halbe Stunde länger.

Die Eltern ham vielleicht das Kind gar nich mehr richtig lieb, weil's den' immer auf'n Docht geht oder se sich nich richtig die Haare kämmt oder immer dreckig nach Hause kommt. Die Eltern ham das Kind auch nich mehr richtig lieb. Das Mädchen möchte aber, daß die Eltern lieber sein sollen und daß se nich immer so meckern sollen über sie und nich immer so hauen und schlagen. Sie möchte auch mal richtig einkaufen gehen, und das wird ihr immer verboten.

Abends im Bett, da denkt das Mädchen manchmal, wie se ihre Eltern wieder richtig zusammenbringen kann, und daß der Vati sie auch jetzt

richtig liebhat. Und daß se wieder richtig spielen kann und viele Freundinnen hat. Daß ihre Eltern wieder richtig schön zusammen sind.
Der Vati hat die Mutti auch nich mehr lieb. Der hat 'ne andere. Da denkt se manchmal, die Eltern lassen sich scheiden. Aber dann schämt se sich immer, daß se das denkt. Die Mutti sagt immer zu dem Vati, daß er sie nicht immer wie'n Pferd behandeln soll. Der Vati hat jetzt ne andere. Hatte er mal, und jetzt is er wieder zu uns gekommen.
Und manchmal denkt das Mädchen, daß se's wieder geschafft hat, daß die Eltern sich wieder liebhaben. Vielleicht hat se was Gutes getan, der Mutti 'ne Überraschung gemacht. Abgewaschen, Mülleimer runtergebracht, das Treppenhaus runtergewischt, und die Mutti weiß nix davon. Und auch die Betten gemacht. Denn die Mutti is ja nich der Dienstbote. Denn sagt die Mutti! »Du bist lieb, du bist 'ne kleine süße Schnecke.« Und darf se ganz, ganz lange aufbleiben, bis Mutti und Vati ins Bett gehen. Und denn sind se mit dem Kind zufrieden und behandeln's besser.
Manchmal wünscht se sich, daß se bessere Freunde kriegt, die besser sind, nicht soviel streiten. Und daß se Eltern hat, die nich so ... so böse sind zu ihr. Und daß se 'ne Puppe kriegt mit langen Haaren, 'n Hündchen, so'n Wuscheltier. Und dann noch 'n Kaninchen. Aber 'n echtes.
Nachts hat se aber auch manchmal Angst, daß einer kommt oder Gespenster, die se dann in Schloßgraben schmeißen. Hat se mal geträumt. Und noch hat se geträumt, daß die Mutti Sauerkraut gegessen hat, und da hat se 'ne ganz platte Nase bekommen. Das Mädchen möchte am liebsten kleiner und jünger werden, weil se Babys gut leiden kann. Und sie will mal Lehrerin werden. Weil se dann schon gut weiß, was se machen muß.

Ramona · 7 Jahre

Meine Mami hat mich lieber

Meine Mami hat mich lieber als mein' Bruder, weil mein Bruder soviel kokeln tut. Da schimpft Mami immer so ganz doll. Da kriegt er immer 'n Hintern voll. Und dann versucht er sich zu bessern. Zu mir schimpft Mami nicht immer so doll, weil ich nich soviel Schlimmes mach wie mein Bruder, also.
Ich hab auch sehr viele Freunde, außer Vicki. Die weiß auch nich, wen se als Freundin haben will. Die is Gruppenratsvorsitzende, und die popelt und schmiert Popel auf 'n Kopf. Schmiert Spucke ins Gesicht. Und die denkt, die darf alles machen, was se will. Und Popel unter die Stühle schmiert se. Dann sagt se immer: »Ich bin nich mehr deine Freundin.« Bloß, weil se denkt, se is Gruppenrat, da darf se alles machen, und ich bin ja Gruppenratsmitglied. Ich kann auch sagen, du sollst aufhören. Und die macht das einfach nicht.
Ich helf Frau Lange beim Saubermachen. Hab schon die Treppen gefegt, wo die Sauberin, die Reinigefrau, krank war. Hab ich 'n ganz großes Lob gekriegt.
Wenn Mutti mir was schenken tut, dann freu ich mich immer sehr doll. Mutti sagt immer, na, wenn ich Geburtstag habe: »Herzlichen Glückwunsch zum Geburtstag.« Da hat se mir 'n Puppenwagen geschenkt. Und weil Mutti den nich kriegen konnte, als se 'n Kind war, da hat se den mir als Geburtstagsgeschenk geschenkt. Manchmal nehm ich den und geh mit anderen Kindern spazieren. Dann gehn wir immer 'n bißchen in Berlin spazieren. Und denn nehm ich immer meine Uhr, wie spät es is. Da sagt mir nämlich immer Mutti, um sechs oder um fünf mußt du zu Hause sein. Zu spät bin ich auch schon mal gekommen. Bloß, Mami hat nich gleich geschimpft.
Das kann nämlich auch passieren, daß man zu spät kommt!
Und wenn der Zirkus da ist, dann bestellt Mutti immer Zirkuskarten, weil se da auch immer gerne hingeht, und ich auch. Und manchmal will mein Bruder auch gar nich mitgehen. Weil er immer gerade was gucken will im Fernsehen. Wenn mal was Spannendes für ihn kommt.

Manchmal bleibt er auch da. Aber nur, wenn meine Oma gerade da is. Wenn der immer soviel kokeln tut, da könn wir den nich alleine lassen. Da kann nämlich was passieren. Da bleibt immer Oma da, daß wir gehen können.
Mit meinem Bruder verstehe ich mich nich immer gut, aber manchmal. Wenn wir mal uns verstehen, dann geht's aber nich so lange. Dann hört's nämlich fast gleich wieder auf. Wir streiten uns viel. Manchmal spielen wir auch zusammen – manchmal in der Wohnung Versteck. Das ist super. Manchmal ist der Sven auch wirklich böse. Deshalb hat mich ja meine Mami auch lieber. Weil ich nich so viele Dummheiten mache wie Sven. Der sagt immer gar nichts davon, wenn er mal was macht, was gar nicht sein darf. Ich sag's immer gleich Mutti.
Schön war auch, wie ich das erste Mal auf 'n Riesenrad war mit Mutti. Da hat's immer so doll im Bauch gekitzelt. Da hab ich mich immer so dicht an Mutti rangekuschelt. Dann mußt ich so doll lachen. Wenn wir im Zoo waren, da hat ein Affe geturnt. Da hab ich immer so doll

gelacht, und Mutti hat auch gelacht. Und einmal hat ein Affe gepullert, als er an der Klappe war. Da war es Mutti immer schön, daß se mit uns mal weggehen konnte. Überhaupt is Mutti froh, wenn wir lieb sind. Oder wenn ich erst um fünf nach Hause komme, da schimpft se auch nich. Da sagte se: »Na, mein Trödelchen!«

Aber manchmal hab ich richtige schlechte Laune morgens. Weil Mami manchmal schimpfen tut. Und dann will ich mich immer wieder entschuldigen, und das geht nich immer so schnell. Da muß ich immer erst das wieder alles richtig machen, und dann kann ich mich erst entschuldigen. Sie schimpft immer, daß ich so trödeln tu. Immer Freitag, den 13., hab ich schlechte Laune.

In der Schule macht mir Spaß Mitmachen. Schönschreiben macht mir auch Spaß, weil man dadrauf meistens Zensuren kriegt, und dann streng ich mich immer ganz doll an. Manchmal krieg ich aber auch 'ne Zwei. Das macht mir gar nichts. Nämlich 'ne Zwei is auch gut.

Auf 'n Baum klettern tu ich gerne. Und wenn se, die anderen Kinder, wenn se nich hochkommen, dann helfe ich manchmal, daß se eher oben sind, und dann klettere ich eben nach. Die anderen bedanken sich dann. Das is mir nämlich egal, ob ich erster oder letzter bin. Die können mich leiden, jedenfalls meine besten Freundinnen. Wenn ich was ungerecht finde, weine ich nicht gleich. Dann laß ich's einfach sein. Dann is es eben ungerecht. So. Kriege ich keine Wut.

Ich heul nur, wenn mein Bruder mich mit 'ner Bohne beschießt. Das geh ich dann Mutti sagen, und dann kriegt er erst mal 'n Po voll. Manchmal muß er dann ins Bett gesteckt werden, und manchmal kann er auch noch aufbleiben. Denn tut er mir manchmal doch leid. Bloß, ich tu ihm nich leid, wenn ich blute. Wenn wir 'ne neue Wohnung kriegen, sagt Mutti, dann kriegen wir jeder ein Einzelzimmer. Möchte ich, weil ich dann nich immer mit Sven soviel streiten kann.

Manchmal träum ich auch, daß große Jungs mein' Bruder in den Sumpf schmeißen, daß er gar nich mehr raus kann. Dann geh ich immer zu Mutti rüber, und da sag ich: »Mutti, ich hab was ganz Schreckliches geträumt!« Dann gibt mir Mami noch mal ein' Gute-Nacht-Kuß, und dann muß ich immer versuchen, nich mehr dadran zu denken, sondern an was Lustiges. Das geht immer meistens. Wenn ich bei Mami dann immer meistens einschlafe, dann trägt se mich immer rüber. Ich schlaf lieber bei Mutti, mein Bruder pullert nämlich

meistens auf'n Fußboden im Schlaf. In Pankow, da hatten wir auch 'ne Wohnung, da hat er immer übers Doppelstockbett gepullert. Mutti sprüht dann immer den Teppich mit so'n komischen Spray ein, und dann geht es immer weg.
Ich wünsch mir, daß ich 'n Pferd mit'm Sattel hab. 'n Pferd wünsch ich mir immer so doll. Mutti sagt, wenn wir mal im Dorf sind, dann guckt se mal, ob es 'n Pferd gibt. Da muß ich erst mal reiten lernen, weil ich gar nich reiten kann. Dann kann ich manchmal spazieren reiten.

Friederike · 7 Jahre

Sonntags knutsch ich mit denen

Eigentlich können die anderen mich gut leiden. Weil ich so viele Freunde hab oder weil ich stärker bin, deswegen, und weil ich beim Fußball bin. Aber einen, den kann ich nich leiden, den Thomas, weil der so schlapp is. Und dann kommt der immer und tut sich wich-tig, dann bläst der sich so uff. Nur manchmal, da veräppeln se mich. Sagen se immer: »Schu, schu«, nur weil ich Schuster heiße. Manch-mal, da muß ich schon petzen. Da sagen se immer Petzheini.
Beim Mittagessen is das ja meistens so. Aber schmecken tut's da nich. Da sagt unsere Hortnerin: »Das Essen schmeckt doch!« Ihr vielleicht, möcht mal wissen, was die für'n Geschmack hat. Und wenn ich frage, ob ich's wegbringen darf, denn macht se's nur mit Zögern. So 'ne Klumpen sind da drinne, schmeckt überhaupt nich. Zu Hause schmeckt's viel, viel besser und macht viel mehr Spaß. Da kann ich wenigstens noch was trinken. Aber hier. Da darf man nich mal reden und so. Wenn wir reden, dann erwischt se uns, und dann kriegen wir Ausmecker, fängt das ganze Theater wieder von vorne an. Das hab ich nich gerne. Mein Vati sagt andauernd, wenn mal so was passiert, dann soll ich mich an ihn wenden. Wie soll ich dis machen, der is minde-stens fünf Kilometer von hier weg. Der kann ja auch nich viel machen. Wenn Vati was erzählt, dann kriegt Frau Kern fast wieder ihre Toll-wut. Im Kindergarten, da haben se dis Essen mit der eigenen Hand gemacht, da schmeckt's viel, viel besser. Einmal im Jahr, oh, da is 'n ganz blöder Tag, meistens Freitag, da gibt's Paprika, o nein!
Aber manchmal, da nehm ich 'n Luftballon, steck den einfach hinten rein beim anderen, und dann geht die Luft raus, und dann ist es 'n komisches Gefühl.
Manchmal is überhaupt der ganze Tag versaut. Wenn man ne schlechte Zensur kriegt und so. Da muß man einfach heulen. Oder wenn man so früh ins Bett gehen muß. Am liebsten würd ich ja so lange aufbleiben wie die Erwachsenen, da würd ich Fernsehen guk-ken.

In der Schule muß ich ja manchmal auch fast heulen. Weil ich 'ne schlechte Zensur gekriegt hab oder weil ich Sehnsucht hab nach meiner Mutti oder weil die Lehrerin mich immer ausschimpft. Weil ich schusslig war oder die Mathearbeit verbummelt habe.
Und manchmal, da geben die Lehrer gar kein Recht. Wenn se manchmal wirklich kein Recht haben, da denken se trotzdem, sie haben recht. Aber manchmal is das gar nich so. Immer krieg ich die Schuld, bloß weil ich einmal was gemacht habe. Da denken se, ooch, jetzt können wir mit dem machen, jetzt ist der alles. Und da machen die sich gar nischt draus, und das ist Unrecht.
Sonntags, manchmal, da bring ich Vati und Mutti das Frühstück ans Bett, und dann knutsch ich noch mit denen. Und die drücken mich ganz doll.
Abends, dann zögere ich das immer noch 'n bißchen raus, meine Schwestern genauso. Sag ich: »Ich hab noch Hunger, ich brauch noch 'ne Stulle, ich muß noch was trinken.« Die machen sich da nischt draus, die wissen dis ja. Meine Mutti und mein Vati, die kümmern sich ganz schön doll um mich, aber ick will immer alles alleine machen. Mutti kommt dann noch mit in unser Zimmer. Und dann kommt se noch mit ins Bett, ganz kurz. Da kuscheln wir noch und erzählen, wie's bei Mutti auf Arbeit war, wieviel Anrufe und so. Oder wenn ich mal was angestellt habe, was ganz Böses. Hab ich mal 'n Blatt zerrissen, wo was ganz Wichtiges draufstand. Dis is keine

Dummheit mehr. Dummheit is, was nich ganz so ernst is, was ooch 'n bißchen Spaß macht. Und dann fragt se mich auch manchmal, ob ich zufrieden bin und so.
Ich möchte ja ganz klug sein und ganz hübsch, weil man dann angeben kann. Ich wünsch mir ja, daß immer Frieden und Sozialismus bleibt. Sozialismus ist, daß nicht einer über alle bestimmen kann. Und daß wir 'n größere Wohnung kriegen, aber hier in Weißensee, weil ich nich von der Schule weg will.

Robert · 7 Jahre

Wenn ich meine Wut kriege

Die meisten lachen ja immer, wenn ich mal 'ne Vier kriege. Aber dann nehmen wir uns den mit meinen anderen, mit meinen anderen Freunden vor, dann nehm wir uns den vor. So richtig nich, aber, da machen wir Bande über ihm.
Und die Großen, die Riesen da aus der 10. Klasse, immer Beene gestellt, und allet so wat. Die Großen sind auch nich besser. Spieln sich immer auf kleine Kinder hier auf, und dann sind se selber nich besser. Knalln se die Kleinen und schwindeln se die Lehrer an. Aber meistens, da renn' wir ja nur rum, rumtoben, spieln wir Rowdy. Aber wenn's 'ne Prügelei gibt, da würde der Jens schon eingreifen. Jens ist nämlich der Stärkste in unserer Klasse, und Olaf ist der Zweetstärkste, und ich bin der Drittstärkste ... Pionier! In Musik bin ich überhaupt der Beste. Ich hab immer so 'ne schöne Stimme ... laut! Aber Lesen nich so und Rechnen nich so gut. Und Rückwärtsrolle, weil ich ganz schön schwer bin, weil ich 30 Kilo wiege. Ich komme nich mal 'n bißchen nach hinten, so schwer bin ich.
Und wenn ich meine Wut kriege, denn schmeiß ich 'n Stuhl um, denn schnips ich den Nachbarn vom Stuhl, und denn den vom Stuhl runter. Denn am liebsten mit der ganzen Klasse. Aber sind ooch manchmal! Die haun immer so doll und ziehn an 'ne Haare und sagen Ausdrücke, olle Sau und so.
Ich bin mit meine Mutti alleine und meine Schwester. Die is ganz schön scharf. Die hat denn 'ne Flasche genommen, wenn Papa Mutti mal hingeschubst hat, denn hat se 'ne Flasche genommen, 'ne große, 'ne Brauseflasche. Aber da hat se 'n Film gesehen, und da ham se, eh, na, 'ne Schnapsflasche genommen und auf den Kopf gehaun, det wollte se denn auch machen. Die is scharf, die is nämlich auf Mutti ihrer Seite, und die wollte nich, daß Mutti stirbt. Da is ihr ganz egal, ob se ins Gefängnis kommt. Aber Mutti hat schon die Scheidung eingereicht. Das reicht ihr jetzt. Der macht soviel Ärger. Der kommt jeden Tag immer so spät nach Hause und betrunken. Da ham wir'n

rausgescheucht aus der Wohnung. Na, mein Onkel hat ja mitgeholfen. Da mußte erst die Polizei kommen, det war'n janz schönet Theater. Das war aber noch, wo ich noch im Kindergarten war. Jetzt kriegen wir ja manchmal Besuch. Na ja, eenen von den beeden muß ich mir ja noch aussuchen, welchen ich nun nehmen will, weeß ich ja noch nich. Meine Mutti muß ja auch wählen.
Am liebsten wünsche ich mir, daß ich mal wieder im Wald bin mit meiner Mutti und mein Vati, mit Auto und Hänger und denn Holz sammeln.
Manchmal in der Nacht, da hab ich ganz schlechte Träume. Wenn Mutti und Papa nich hingucken, kommt eener auf einmal und packt mich und nimmt mich mit, entführt. Kann möglich sein, aber denn, denn gucken se, und denn nehmen se gleich dis Auto, und denn sehen se den noch vor sich. Denn läßt Vati den Gashebel an ... eh, mein Onkel is ganz schön schnell im Autofahren.

Kai · 6 Jahre

Mein Papa geht um fünf und meine Mutti auch

Ich hatte ja vorige Woche erst Geburtstag. Das war 'ne schöne Geburtstagsfeier, ganz viel Besuch, und schön freundlich war's, und alle zusammen haben wir gepuzzelt. Oma und Opa waren da und noch die andere Oma und Onkel Bernd und Tante Hildegard, die kam noch von drüben und hat was ganz Schönes mitgebracht. Und meine ganzen Freunde waren auch da. Und dann konnten wir raus und ham draußen uns immer abgespritzt auf'm Hof. War wie bei meiner Einschulung. Da war's auch so schön. Ham wir gefeiert, Kuchen gegessen, und dann sind wir noch mal rausgegangen – Fußball gespielt, alle. In der Schultüte warn unten Matchies und 'n Würfel und 'ne Wundertüte. Da kann man reingucken, was da drin is. 'n Erfrischungstuch und 'ne Vogelstimme. Und da war noch 'ne Badekappe, eine Badehose und 'ne Seife. Und was zum Naschen. Da bin ich nachts mal heimlich aufgestanden und – geguckt, ob meine Mutti schläft, und hab ich mir was geholt von den Süßigkeiten.

Sonst spiel ich ja meist mit meinem Bruder. Mit Matchies, Mensch-ärgere-dich-nicht, Mühle, Dame. Oder alleine. Ich hab so'n großes Zimmer, und mein Bruder 'n kleines. Der is drei Jahre älter als ich. Der geht früh immer noch die Zeitung holen vom Zeitungskiosk und ich die Schrippen vom Bäcker. Für die Schule. Fürs Frühstück bäckt ja Mutti immer am Abend vorher was. Wir stehn ja immer schon um halb fünf auf, da kann ich ja noch alles machen. Und mein Bruder liest mir noch 'ne Geschichte vor, beim Frühstück – Mosaik. Mein Papa geht um fünf und meine Mutti auch. Mutti macht sauber, im Fleischer. Ich geh ja heute noch zu Muttis Arbeit. Mein Bruder bringt Altstoffe weg, und ich bleib bei meiner Mutti auf Arbeit, die freut sich, wenn ich auf die Arbeit komme. Da sagt sie: »Na, Spätzchen?« Die hat ja schon mal gewonnen, in Lotto. Und noch hat se sich gefreut, wo ich'n Blumenstrauß gekauft hab. Ich hab ja jetzt noch 20 Mark und noch 1 Mark. Und wenn Mutti sich freut, dann freu ich mich auch. Und wenn ich 'ne Eins hab, denn freut se sich auch, daß se

nich mehr üben braucht, daß ich alles richtig hab. Da hat se mir Schokolade gegeben, und dann durft ich raus, und dann durft ich Fernsehen gucken, aufbleiben – am Sonnabend war das – so lange, wie ich will. Über 'ne Drei freut sich meine Mutti auch und daß ich 'ne Urkunde gekriegt hab. Aber manchmal, da deck ich 'n Tisch früh und mach noch 'ne Überraschung, einen Blumenstrauß noch raufstellen und hier, na, so 'ne Kärtchen und 'n Stück Schokolade rauflegen.
Ich geh gern früh in die Schule. Die Luft riecht so herrlich, dit macht Spaß. Manchmal treffen wir dann auch andere. Aus der 4 d. Da erzählen wir uns immer was. Wie se schon mal eingebrochen sind. Ich weiß auch, wie. Da hat man so was Hartes, dann schlägt man da drauf auf dit Schloß, dann geht's auf. Dann haben se Kohlen oder Hammer oder Hackebeil rausgeholt. Mal bin ich ja auf 'n Dach gegangen beim Wohnhaus. Ich hab mein' Wohnungsschlüssel, da bin ich auf'n Boden gegangen und war dann auf'm Dach. War nich schlimm. Denn hab ick reingeguckt in Schornstein, und dann hab ich Steinziegel runtergeworfen – in Schornstein. War ja schon viele Male auf'n Dach. Aber das darf keiner wissen. Is ja mein Geheimnis. Wenn ich mit mein' Bruder nachmittags immer eingekauft hab und Kohlen geholt, spieln wir meistens Fußball.
Oder Fange. Oder Wettlauf.
Und wenn wir drin spieln, da stellt meine Mutti immer die Klingel ab. Nur an die Briefmarken von Papa darf ich nich ran. Meine Mutti bringt mir ja meistens was Schönes mit, Süßigkeiten. Oder gibt mir mal 50 Pfennige. Oder am Sonntag, da warn wir in der Schwimmhalle. Papa hatte Bereitschaft, der konnte nich mit. Da ham wir so getobt im Wasser mit Mutti und gespielt.
Und im Tierpark warn wir auch schon mal. Wollten die den Tiger rausmachen. Da draußen war auch noch 'n Käfig, daß se da drinne saubermachen können. Der war dann ganz traurig, weil se den rausgemacht haben, und der weiß nich mehr, wo er is. Ich möchte ja auch mal 'n Pferd haben und 'n Haus am Wasser, und daß ich kräftig werde. Daß ich Drachen umlegen kann.

David · 7 Jahre

Pflaumenmus ist mein Liebstes

Ich muß immer als erste aufstehen, weil ich immer das Gas anmachen muß, damit wir den Tee aufbrühen können. Dann muß ich hier den Tisch decken, jeden Morgen. Ich spring immer auf'n Schrank. Zuerst hol ich die großen Teller von unten, und dann komm' die kleinen Teller dran und die Tassen von oben. Der Schrank is so hoch. Denn deck ich richtig den Frühstückstisch mit allem. Pflaumenmus is mein Liebstes. Mutti und Vati, die bleiben liegen. Faulpelze. Muß ich se ja immer wecken. Mein Vati, der schreit dann immer, wir solln nich so hektisch sein. Sagt er immer: »dieses Weiberpack« oder »diese Frauenzimmer«. Dann zieht er immer nich seine Hausschuhe an, die muß ich ihm immer bringen. Der will immer nich Hausschuhe anziehen.

Und wenn ich dann nach Hause von der Schule gehe, denn krieg ich Ausschimpfe, weil ich nichts geschafft hab. Wenn es immer so schnell geht, bei Mathematik, denn sagt se immer so 'ne Aufgaben, wo wir bis 10 schreiben sollen. Mein Vati meckert, und meine Mama sagt immer: »Mensch, was machst du denn hier?« Oder se reden gar nich bei schlechten Zensuren mit mir. Soll ich zuerst in die Küche gehen. Und denn soll ich meine Arbeit machen, abtrocknen, ausfegen, Abendbrot machen, Betten machen. Muß ich sonst auch immer machen. Mutti kommt ja erst immer um fünfe. Da kann se ja nich mehr. Wenn ich denn wieder lieb bin und alles gemacht habe, denn sind se wieder ... denn sprechen se nich mehr so böse. Oder manchmal, da bin ich auch traurig in der Schule. Da rufen se immer: »Daniela Meier, legt so große Eier!«

Aber sonst is schön im Hort. Gefällt mir alles. Wir spielen ... Ich muß ja denn schon um vier gehen. Da is manchmal schon dunkel. Wenn es ganz dunkel is und die Lichter sind kaputt, findet man ja nich mehr dis Zuhause. Meine Mutti hat mich ja schon mal gesucht, da hat se mich gefunden. Sie hat schon Angst gehabt, daß mir was passiert ist. Meine Schwester hat geweint wie verrückt, weil sie Angst hatte, daß Mutti

nich kommt oder Papa. Ich hol se immer ab, aus'm Kindergarten, meine Schwester und mein' Bruder. Da klingle ich, dann geh ich rein, dann frag ich, wo die sind. Dann sag ich, sie solln sich anziehn. Mein Bruder macht dis besonders nich und meine Schwester, die bummelt, daß ich Schimpfe bekomme. Da hab ich mal die Wahrheit gesagt, und da hat auch meine Schwester Ausschimpfe bekommen. Und mein Bruder kämpft immer rum mit seinem Freund, und meine Schwester bummelt. Die wolln ja, daß unsere Mutti sie abholt. Aber die kann ja nich.

Und denn is schön, wenn wir endlich zu Hause sind und denn in Zimmer spielen können. Und wenn dis Licht kaputt is, dis is ja öfters kaputt, wenn ich nach Hause komme, da geht's an, und dann geht es gleich wieder aus. Da können wir dann nich im Zimmer spielen gehen. Dann gehn wir ins Wohnzimmer bißchen, Fernsehen gucken oder Musik hören. Aber wenn ich denn schon aufgeräumt habe, das Wohnzimmer saubergemacht oder abgewaschen, denn gefällt den' das. Wenn Mutti von der Arbeit kommt, daß alles sauber is.

Und nich schön is, 'n Arschvoll kriegen. Wegen der schlechten Zensuren. Mein Papa am meisten, wenn ich 'ne Fünf habe oder so. Traurig bin ich nur, wenn meine Mutti nich da is. Oder nich kommt. Abends bin ich ja auch manchmal alleine. Da is meine Schwester und mein Bruder mitgegangen mit Papa und Mutti. Mich ham se nich mitgenommen, die wollten mir 'ne Überraschung machen. Ham se denn aber doch vergessen. Wenn meine Mutti noch nich da is, denn mach ich Abendbrot. Deck ich schon den Tisch für Mutti und Papa, wenn se nach Hause kommen. Dis is nur manchmal, daß wir zusammen essen. Am Mittwoch war dis, immer nur am Mittwoch.

Nach dem Abendbrot gehn wir in die Badewanne. Alle zusammen. Ich möchte lieber alleine baden. Mein Bruder möchte ja auch alleine baden. Meine Schwester möchte immer mit mir mitbaden. Aber ich möchte lieber im heißen Bad sein. Früh dusch ich immer kalt. Daß ich mal schwimmen lernen kann ...

Manchmal les ich noch was vor. Meine Mutti hat auch mal was vorgelesen. Jetzt liest se nich mehr. Ich weiß nich, warum. Manchmal macht mein Papa nämlich auch Spaß. Wenn ich hier »Hallo, dicker Vati« rufe, dann schmeißt er mich, und denn flieg ich wie'n Flugzeug aufs Bett. Der macht nämlich immer so Faxen. Die Mutti find ich nich

so gut. Die is so – obwohl ich gar nichts gemacht habe, denn schreit die gleich rum. Die haut mich ja.
Und denn im Bett pummle ich mich erst mal in 'ne Decke ein, und mein Bärchen kriegt noch 'n Kuß.

Daniela · 7 Jahre

Die anderen, die leiden mich nicht

Ich bin immer ganz froh, wenn ich rausgehn darf, wenn ich das erste Mal mit meinem neuen Fahrrad fahren kann. Ich bin schon mal gegen 'ne Laterne gefahren, bin um 'ne Kurve gefahren und dann gegen 'ne Laterne. Die Laterne stand ganz doll im Wege, gleich um de Kurve. Schlimm war's nicht ... Mein Vati hat mir versprochen, daß er das Schutzblech abbaut und daß ich dann so fahren kann und daß se dann 'n neues kaufen.

Mein Vati schimpft über solche Sachen nicht. Nur wenn ich mal nicht höre, dann schimpft er, sonst schimpft er über gar nix. Die Mutti schimpft auch nur, wenn ich mal nicht höre, wenn ich was mit Absicht kaputtmache ... Oder wenn ich was mache, was die Eltern gar nich erlaubt haben. Oder wenn ich was nicht mache, was die Eltern gesagt haben. Ich hab mal mit meiner Mutti diskutiert, da hab ich 'n Po vollgekriegt. Wenn meine Mutti gesagt hat, was stimmen sollte, aber was gar nicht gestimmt hat! Über was anderes hab ich auch nie diskutiert.

Aber manchmal, da hol ich mir 40 Pfennig, kauf mir 'n Kellerschlüssel. Wenn meine Mutti mir nich erlaubt, daß ich Fahrrad fahren darf, hol ich mein Fahrrad und fahr heimlich. Aber ich krieg's ja gar nich aus'm Keller nach oben.

Früh bin ich ja immer noch so lange alleine in der Wohnung. Da kann ich endlich noch in Ruhe spielen. Spiel ich am liebsten mit meinem Metallbaukasten. Oder auch mit so'm Auto hier, dis is so'n Polizeiwagen, so'n englischer. Hab ich aus Coburg geschickt gekriegt. Da is rotes Blaulicht drauf. Und denn hab ich noch so'ne kleine Männchen, die man bewegen kann, die in so'n Auto reinpassen. Und denn ruft meine Mutti an, und dann weiß ich, daß ich jetzt losgehen muß. Aber immer schön is es auch nich früh alleine. Wenn so'n bißchen 'n Geräusch kommt, denkt man gleich, da steht einer vor der Tür. In die Schule geh ich immer mit mein' Freund. Da is besser, wenn's noch dunkel is. Nämlich wenn mein Freund mich mal verfolgt, wenn wir

Fange spielen, da kann ich schneller laufen. Weil er mich da nicht sieht. Aber Angst hab ich im Dunkeln nich. Wenn ich einen sehe, der wie'n Verbrecher aussieht, dann geh ich schon zur Seite. Nämlich ich weiß, wie Verbrecher aussehn. Hab ich im Fernsehen gesehen. Ich hab zwar noch kein' gesehen, aber ich kenn einen. Meinem Freund sein Onkel, das is auch 'n Einbrecher.
Ich freu mich immer über gute Zensuren, nämlich ich weiß, daß sich Mutti und Vati dann auch freuen werden. Und noch freu ich mich über'n Lob im Hort oder in Betragen. Hab ich jetzt 'ne Zwei. Wenn ich jetzt bißchen von Betragen ablasse, dann würde dis 'ne Drei werden. Dann sagen aber die Eltern: »Mit 'ner Drei komm ich nich mehr ins Haus.« Aber mit 'ner Fünf, die mir nich absichtlich passiert, komm ich schon ins Haus. Wenn ich 'ne Eins gekriegt habe, sagt mein Vati immer »Gratuliere!« Bei Mutti merk ich's fast gar nich, daß se sich freut. Ach doch, wenn se in die Hefte guckt. Manchmal sagt se: »Bravo«. Und weiter merk ich's an Mutti nich.
In der Schule is nich so schön, weil se da immer so streiten oder kloppen, wenn man aus Versehen auf'n Fuß tritt. Dis tut doch auch weh,

aber deshalb braucht man doch nich gleich zu hauen. Die anderen, die leiden mich nich. Weil ich manchmal bißchen flenne. Doch, wirklich, weil se kloppen. Ich hab Angst, daß ich mich wehre. Weil se doller sich wehren, wenn ich mich wehre. Da wehrn die sich noch doller. Und beim Mittagessen. Manchmal, da gibt's welche, die essen Bockwurst nich gerne und denken, der andere ißt se gerne und schmeißt den' gleich das in die Suppe. Aber dann will er die nich wieder, der kratzt und kneift und sonst wat, wenn man die dem wiedergeben will. Manchmal spucken se auch ins Essen. Es gibt bei uns welche, die ins Essen spucken.

Nachmittag, da mußt ich mal nich in Hort. Das war schön. Da, hier, ham wir mal unsere Gewehre runtergeholt, und da haben wir, na, so Kinderkrieg gespielt mit Gewehre, keine echten, so 'ne Plastegewehre und Wasserpistolen. Und wenn einer schießt und getroffen hat, denn kann man sich richtig auf de Wiese schmeißen, so daß man tot is oder so.

Am liebsten würde ich ja schon erwachsen sein und nur zur Arbeit gehen. Weil bei Erwachsenen keine Prügeleien manchmal sein können. Und weil man bei der Arbeit auch Geld verdienen kann. Bis jetzt hab ich mir aber noch nichts ausgedacht, was ich werden kann. Nämlich weil alle Berufe gefährlich werden können.

Im Unterricht, da denk ich auch manchmal, wenn's bißchen donnert, 'ne Schlange kommt rein oder 'n Krokodil.

Ich hab schon mal geträumt, daß ich mit 'n Dreirad gefahren bin und mich 'n Gorilla verfolgt hat. Und ich ganz schnell zur Kaufhalle mit 'n Dreirad. Und da hab ich geträumt, daß ich den Kaufhallenschlüssel hatte und – zugeschlossen. Und der Gorilla die Tür mit 'm Bein aufgestoßen, und da is er reingekommen. Ich die andere Tür aufgeschlossen, und dann hat er wieder aufgestoßen, und ich bin schnell weggefahren. Und dann wurd's gefährlich, da hat der Riese mich gefangen, wollte der mich totstechen. Hab ich schnell die Augen aufgemacht im Bett und geguckt, wo ich bin. Und ich hab auch schon mal geträumt, da wollten mir welche den Weg absperren ... und dann kam so'n böser Mann ... wollte mich auch erstechen. Da hab ich ganz laut geschrien. Aber der hat gesagt: »Der Schrei macht nichts, ich hab alle aus dem Dorf totgestochen.« Da hab ich auch schnell die Augen aufgemacht ... Was Schönes hab ich fast noch nie geträumt. Aber schon mal, daß ich

auf einmal echt schwimmen kann. Und daß ich zu Weihnachten 'n Taschenmesser kriege.
Manchmal möchte ich wie 'n Elefant sein. Wenn mir was nich gefällt, daß ich gleich alles kaputtmachen kann. Oder manchmal 'ne Schlange, falls einer böse is, daß ich gleich beißen kann. Oder 'n Krokodil, falls da'n böser Hecht is, gleich auf den stürzen. Oder 'ne Taube, um die Regenwürmer zu fressen.

Sven · 7 Jahre

Ich muß mich doch einmischen!

Wenn meine Mutti früh auf Arbeit geht, bleib ich immer bei meinem Onkel. Ich hab nämlich keinen Vati. Onkel Wolfgang wohnt aber nich immer bei uns. Die streiten sich so oft, denn muß er immer wieder nach Hause gehen.

Morgens sagt se immer zu mir und meiner Schwester: »Kommt, steht jetzt auf!« Und wir bleiben einfach liegen. Dann geht se wütend raus und holt so schnell Luft. Manchmal frühstück ich dann gar nich, weil ich keine Zeit mehr habe. Manchmal, da komm ich auch nich so schnell los, weil meine Mutti mir immer so doofe Sachen hinlegt. Ich zieh am liebsten Röcke an, aber Mama legt mir immer nur Hosen raus. Ich will aber kein Junge mehr sein. Damals, als ich noch klein war, wollt ich immer nur 'n Junge sein. Aber jetzt will ich lieber wieder 'n Mädchen sein. Mir hat das damals besser gefallen, weil die Mädchen immer so fein sind, und die Jungs können sich richtig kloppen. Jetzt reicht mir's, daß die immer gleich alle verkloppen. Meine Freundin sagt immer, ich soll mich nich einmischen, wenn andere sich kempeln. Ich muß mich doch einmischen. Sie hat gesagt, sonst verkloppen se mich mal. Das solln se sich grad mal wagen. Wenn mir einer eine knallt, obwohl ich nichts gemacht hab, dann kriegt er aber eine von mir mächtig geknallt. Er kann es wohl selber nich leiden, wenn ich ihm ohne Grund eine knalle.

Im Heimatkunde-Raum, da stehen teure Geräte, und wir sollen nich rumrennen. Und die rennen einfach rum. Kempeln tun se sich auch. In dem Raum – da muß ich schon manchmal dazwischengehen.

Unsere Hortnerin, die hatte schon mal 32 Kinder, die mußte schon zum Arzt gehen. Ich würde das auch nicht aushalten. Als Hortnerin hätte ich eines Tages mal den Direktor geholt und gesagt: »Gucken Sie sich das mal an!« Da wären die aber mucksmäuschenstill. Aber manchmal, da kreischen die rum und toben. Einmal hat mir auch schon der Kopf weh getan. Die sind kaum zu ertragen. Ich bin zwar selber nicht besser, aber die anderen toben ja gleich immer rum. Einer

hat 'ne Stimme! Ich kann se ooch nicht mehr hören. Da denkt man, jetzt kommt 'n Ochse. Aber unsere Lehrerin, die schreit ja auch so. Da hab ich schon Angst, daß mein Trommelfell platzt. Na ja, die hat sich das schon so angewöhnt, bei den anderen Klassen, die se vor uns hatte. Am liebsten würde ich heimlich mal 'n Brief schreiben: »Frau Lehrerin, Sie sind doof!« Aber dienstags gehe ich immer ganz gerne zum Unterricht. Da ist unser erster Unterricht Schwimmen. Find ich immer schön. Ins Tiefe springen. Freiwillig mußten wir ins Tiefe springen. Na, eine, die war ängstlich. Zuerst war ich auch ängstlich. Aber ich hab mich dann auch wieder sofort verbessert.
Zum Mittagessen geh ich immer mit meiner Freundin hin, die nenn ich »Lachkrampf«. Die macht immer so Faxen unterwegs, da muß ich immer lachen, daß ich Bauchschmerzen kriege. Eigentlich is se versetzungsgefährdet. Ich kann mich absolut auf die verlassen. Wenn ich mal was sage, dann tut se's auch. Und wenn ich mal was mache, und die soll das nich unserer Lehrerin erzählen, die macht das nich. Is meine allerbeste Freundin. Manchmal zanken wir uns auch. Aber Freundinnen müssen sich einmal zanken. Aber immer zanken is auch nich schön.
Zu Hause is eigentlich schöner. In der Schule, da meckern se immer so. Auf'm Heimweg muß ich mich auch nich immer so beeilen wie auf dem Schulweg. Weil ich zum Schulweg schon immer so im Streß bin, daß ich zu spät komme. Na ja, daß ich noch dollre Angst kriege, weil's dann schon nahe dran is an der Schimpfe. Auf'm Heimweg bin ich viel fröhlicher. Da seh ich, wie alle nach Hause gehen und ich selber auch. Manchmal, da geh ich ganz schnell nach Hause und mach was Gutes. Abtrocknen. Oder wenn die Bude mal wie'n Saustall aussieht, denn räum ich auf. Sonst macht ja immer meine Mutti die ganze Wohnung sauber. Die macht alles!
Meine Schwester geht mir manchmal auch ganz schön auf die Nerven. Weil se so laut is. Aber manchmal is se sehr frech. Und denn widerspricht se manchmal und mir ooch. Wenn's nich geht, mach ich »Batsch!«, und dann petzt se gleich. Der Ronald aus unserer Klasse, der findet die ganz niedlich. Und zu mir sagt er immer »Ich liebe dich«. So wat Beknacktes. Kiekt er nach oben und macht die Oogen zu, 'ne olle Brillenschlange. Ja, aber der freut sich immer so. »Äh, ick hab ne Brille!«, freut er sich ooch noch drüber.

Drei Tage hatten wir mal 'n Hund. Drei Tage zu Besuch, wenigstens. Der war niedlich gewesen, 'n kleiner Dackel. Abends ham wir ihn gebadet, und da is er in der Wohnung rumgerannt und hat wilde Sau gespielt. Hat sich ausgeschüttelt. Wir mußten so lachen. Mein Papa auch.
Und ich möchte manchmal wie Michaela sein, so die Beste, die Schnellste, die Sportlichste. Möcht ich auch sein. Ich kann ja nichts dafür, daß ich 'n Gips hatte. Zweimal. Als ich noch ganz klein war, hat ich 'n von hier bis hierher und einmal das Bein. Dadurch hab ich schlimme Hüften, und dadurch darf ich nich auch ins Ballett gehen. Möchte auch so schnell sein wie die anderen. Aber ich trau mich so sogar, Große zu hauen, macht Spaß!

Peggy · 6 Jahre

Alleene is auch schön

Daß ich so viel Freiheit habe und alles, und am Sommer und so ... da hab ich auch Freude, wenn's Sommer wird und Frühling. Und die Spielplätze müßten größer sein und überhaupt, alles größer, die Straßen nicht mehr so klein. Und daß nich alles so rumliegt, der Sperrmüll so rumliegt. Daß es im Sommer noch viel grüner wird. Daß die Welt schöner is.
Und wenn ich mir 'n Eis holen darf, das is auch schön. Aber meistens darf ich ja nich.
Und die meckern och immer so, Mama und Papa, wenn ich irgendwas kaputtgemacht habe. Die sagen dann, daß ich immer so böse bin. Die nehmen mich ja auch nich mit spazieren. Wahrscheinlich könn' die mich gar nich leiden, die finden mich häßlich. Wegen die Haare. Und denn schubsen se mich weg und geben keinen Gute-Nacht-Kuß. Manchmal wach ich ja auch auf nachts, weil die Eltern so zanken. Die Mutti will mich nich haben, und der Vati will mich behalten. Und da zanken se sich. Und Papa schreit Mama an: »Nein, der bleibt hier.« Und die streiten sich auch um mehr Essen und Trinken. Die sollen sich nich so streiten. Und mit mir spielen. Aber da muß se immer abwaschen. Die anderen Kinder spieln ja auch nich mit mir. Sagen immer: »Du Angeber!« Und Ausdrücke. Ph. Alleene is auch schön. Muß ja immer alleene bleiben. Wenn mal Elternversammlung is, ick geh doch nich extra mit!
Ich kann ja leider nich ins Ferienlager – wegen Einpuschen. Ick bin jetzt 8, werd 9. Muß ich mir abgewöhnen. Wenn ich nich einpullre, bin ich stolz. Papa geht ja bald zum Arzt mit mir. Da wird sich zeigen, ob ich ins Krankenhaus komme oder nich. Da werd ich bis Weihnachten nicht draußen sein. Is gleich mit Schule.
Wenn ich mal helfen will zu Hause, darf ich ja nich. Sagen se: »Nein, laß das, mach allein deinen Kram, dis machen wir.« Am schönsten is ja Drachensteigenlassen. Wir gehn ja heute in 'n Stadtpark. Hoffentlich kriegen wir heute mehr Wind. Mit meinem Vati geh ich heute.

Nur, ich hab heute zwei Bonbons weggenommen vom Erziehertisch, da hat se Taschenkontrolle gemacht. Und wenn keener die Wahrheit sagt, wolln se die Polizei anrufen. Aber das ist nur so'n Quatsch, daß die Polizei kommt. Aber ich hab's ja dann zugegeben, daß ich zwei hab. Das is ja Diebstahl, det weeß ick ja.
Oma und Opa, die kann ich am meisten leiden. Den erzähl ich ja auch alles. Wenn ich mal 'ne Fünf kriege, unterschreiben die. Ich kapier das aber auch immer nich so richtig. Und dann is es langweilig, und ich zapple rum, und dann – wieder Eintrag. Wenn Papa den sieht, haut er immer gleich. Hab ick mal 'ne Eins gekriegt, in Mathe, hab ich gleich mein Vati gezeigt. Hab ich gleich 5 Mark gekriegt von meine Oma. Wenn mal was ganz Schlimmes is, erzähl ich das dem Arzt oder Oma. Oder mein' Onkel und meine Tante. Aber die sind ja jetzt nich mehr da. Die warn immer lieb zu mir. Die sind oben, im Himmel.
Abends, denn wünsch ich mir, daß ich ganz allein bin auf der Welt, daß keiner sagen braucht, wenn ich ins Bett gehn muß, dann wird nich so rumgemeckert. Oder daß ich bei meiner Oma bin. Wenn ich, wenn ich, wenn meine Mutti und mein Vati gestorben is, denn bei meiner Oma is viel schöner.
Und denn träum ich immer, daß mich jetzt 'n Löwe auffrißt. Denn guck ich erst mal, ob das echt war, ja oder nich, und wenn's nich echt war, denn schlaf ich wieder ein.
Ich möchte gern mal 'ne Katze haben, 'n Kater, hm, 'n Vogel mit 'm Vogelnest ... oder 'n Käfig so. Und Schmied möcht ich mal werden.

Mike · 8 Jahre

Daß einmal die Sonne zu mir kommt und von dem Gold abgibt

Wir haben 14 Igel zu Hause, ja, wirklich. In so 'ne große blaue Schüssel. Die is riesig groß. Die würden ja sonst erfrieren im Wald, weil se noch kein Versteck gefunden haben. Ein großer, und die anderen sind noch alle klein. Kriegen se Milch und Babynahrung immer. Und zwei Hunde ham wir auch noch, 'n großen und 'n kleinen. Soll ich dir mal verraten, wie die heißen? Bernhard und Dixi. Dixi is der kleene. Und dann ham wir noch 'n Kaninchen, 'n Hamster, Wellensittiche und 'n Frettchen. Das is vielleicht niedlich.

Wir haben ein einfaches großes Zimmer, und dis haben wir geteilt, ein Kinderzimmer und ein Erwachsenenzimmer. Da hab ich 'ne ganz kleine dunkle Ecke. Ich hab mein Bett hinterm Schrank, is ganz gemütlich. Da stell ich mir 'n Tisch rauf und häng so'n Laken drüber, is ganz schön, 'ne eigene Lampe hab ich noch. Da war mal was ganz Komisches, da hab ich was ganz Schlimmes geträumt: Auf einmal hab ich von Hiroshima geträumt, auf einmal die Bombe, zum Glück hat da gleich der Wecker geklingelt. Is überhaupt nich schön so was, konnte nich richtig schlafen. Aber voriges Jahr in der Tierfütterung, da haben wir so'n kleines Häuschen – Beobachtungshäuschen. Über die Straße die Rehe, wumm, da warn se ooch schon. Die haben richtig geschmatzt, haben die, und die kleinen Kaninchen, die ganz jungen! Da haben wir mal 'n ganz riesiges Feuer gemacht. Ich hab ganz lange Baumstämme getragen. So lang wie das halbe Klassenzimmer. Kann ich nämlich schon. Ich bin ganz oft im Wald, jedes Wochenende. 50 Kilometer halt ich durch.

Na ja, und denn zu Hause, is ja immer so langweilig, wenn Mutti nich da ist. Spiel ich immer mit den Hunden. Da hab ich mal den Dixi so angehoben, als er noch jung war, und geknuddelt, da war ich eigentlich auch noch klein, hab ick aber ooch noch in die Windeln gemacht.

Aber meine Mutti, die macht auch immer alles schön! Und Schulbrot schmiert se. Ich kann's eigentlich schon alleine.

Und ich kann eigentlich auch schon alleine zur Schule gehen, denn

sagt Mutti: »Mensch, dein Vati, der bringt dich jetze immer zur Schule.«

Und wenn Vati jetze mal Dienst hat, nachts, da darf ich mich ganz eng an Mama rankuscheln, ohne daß se mich immer wegstößt. Zum Beispiel, da mußte Vati – der is bei de Feuerwehr – die Brände verhüten, beim Jugendfestival, da is was angebrannt beim Feuerwerk. Dit war am Altersheim, da haben se ganz viele alte Leute rausholen müssen. Dit janze Haus war dann natürlich nur noch 'n Gerümpelhaufen, die Feuerwehr konnte nischt mehr machen, dit warn zu große Flammen. Eine war tot.

Ich freu mich ganz besonders, Mutti is auch Aktivist geworden. Mutti kam von der Arbeit und wollte mir ganz dringend was erzählen: Aktivist. Ich war ganz aufgeregt. Da hab ich ihr 'n Tuch umgebunden und mal ganz schnell was geholt: 'n Blumenstrauß und 'n Eisbecher ... Hoffentlich wird se nächstes Jahr noch Doppelaktivist. Was meinst'n, was wir gemacht haben? Die schönsten Blumen gekauft, und ich hab sogar noch 'ne Urkunde gemalt, wie gedruckt mit 'm Reh. Die dachte: »Was denn, haste die gekriegt für mich?«

»Nein, die hab ich für dich gezeichnet, mit Farbe.« Die hatte so große Augen fast! Und außerdem haben wir noch 'n ganz großen Kuchen gebacken, und auf der Blockflöte hab ich noch gespielt, kann ich.

Mit Vati spiel ich immer Räuber und Gendarm, Vati ist der Räuber, manchmal gewinnt er auch.

Aber manchmal, da hab ich alles untern Schrank geschmissen, und ham se mir mal 'n Po vollgehaun. Dann denke ich immer was ganz Böses von meinen Eltern, die haben mich nich lieb, die wollen mich eines Tages mal aus 'm Fenster schmeißen. Aber dann sind meine Gedanken wieder besser, daß se so was überhaupt nich machen würden. Ich hab sogar schon zu Mama mal vor Wut gesagt:

»Jetz schmeiß ich mich aus 'm Fenster.« Denn hat Mama angefangen zu weinen.

So, nach der Schule und so, da würd ich gern mit anderen Kindern spielen, weil ich keine Freundin hab und keine Geschwister. Aber keiner will meine Freundin sein. Warum nicht? Weiß ich nicht. Unser Hund, der hat mal in meine Schuhe gemacht, ich wollte den Schuh anziehn, da war's dann ganz braun, des warn weiße Söckchen, zur Einschulung.

Ich wünsch mir keine Geschwister. Warum? Na, weil ich alleine lieber bin. Wenn ich 'n kleines Geschwisterkind hätte, dis tappelt so in 'ne Küche. Mit einem Mal wirft's Geschirr runter, wenn ich abwaschen will. Und dann treten die Hunde rin, und manchmal schlecken sie ooch Scherben runter, und dann schneiden die sich hier, obwohl die Hunde noch sehr gut gebraucht werden. Zu Hause, na, wenn ich abgewaschen habe, ganz kräftig, wenn alles so blitzt und funkelt, hab ich auch schon mal gemacht. Und die Fenster auch. Na, ich hab auch schon mal Wäsche mit unserer neuen Waschmaschine gewaschen. Das war schön, da hat sich meine Mutti gefreut! Da hätt se mich fast erwürgt. Und da hat sie mir die feinste Marmelade gekauft und alles. Da hat die mir den schönsten Pelzmantel gekauft, der paßt mir leider nich mehr, war so'n Weihnachtsmannmantel, den hab ich mir so'n bißchen länger genäht ... Hab ich mir Mamas schwarze Stiefel angezogen, hab ich mir so'n Sack gemacht, viele Geschenke von mir für meine Eltern ringestopft, zugebunden und raufgenäht »Weih-

nachtsmann«, ganz einfach. Advent is ganz schön. Da haben wir alles aufgebaut. Wir haben ja alles aus'm Erzgebirge: Schwibbogen und so mit Engeln. Ich bastel ganz viel zu Weihnachten: Bilder und Geschichten, selbstgedichtet, und dann stricke ich. Strümpfe kann ich auch schon, ist ganz einfach. Für Oma Erna hatt' ich Stutzen gestrickt, so zum Drüberziehen. Und einen Rock mach ich auch noch für sie, der muß bei mir so lang sein und ganz bunt.

Zum Nikolaus , da hab ich so die Betten aufgemacht, daß man gleich reinkann, und dann hab ich bei meiner Mutti und Vati was reingelegt: 'ne Nuß und 'n Stück Schokolade. Die haben geguckt!

Ich würde mir noch wünschen, wieder mal ins Erzgebirge zu fahren. Aber dit geht ja nicht mehr, die Bäume, alles is nu umgeworfen, wegen dem Scheiß Gas immer.

Ja, an de Ostsee, da is auch die Luft bekömmlicher für mich. Ooch, und dann würde ich gerne mal wieder 'n Wandertag machen, gerne ins Theater wieder gehn. Ich bin nämlich immer so alleine. Am liebsten wär mir 'ne richtige Schwester oder meinetwegen auch 'n Bruder, aber meine Mutti bekommt ja keine Babys mehr. Die mußte 'ne ganz schwere Operation überstehen, als ich geboren wurde. Da wäre sie beinahe gestorben. Die ist ja auch 38 Jahre alt, und da sagt se, sie wäre zu alt. Stell dir mal vor!

Ich hab ganz viele Tiere, hab ich dir ja schon erzählt. Sogar Falken und 'n Bussard, die sind im Schuppen bei Oma Erna, die haben wir eingefangen.

Aber das schönste für mich war das riesengroße Feuer, was wir da im Wald gemacht haben. Dann kamen auch Rehe an, die haben sich so angekuschelt an mich. Die Tiere konnte ich auch streicheln, beobachten, die haben auch manche, einer, so rumgenagt an der Rinde, war schön. Ich hab ihnen bißchen Rinde abgepellt und abgegeben, war ganz zart. Und Eicheln hatt ich auch noch im Sack …

Und manche Tiere warn kleine Häschen. Die haben richtig meine Hand abgeleckt. Ja, und ich hab mir 'n Bratapfel gemacht auf'm Stock … in dem Feuer, dit war heiß, oh, dit war noch heißer als die Sonne in Afrika.

Für mich war dis schönste Erlebnis mit anderen Kindern aus meiner Klasse zum Wandertag. Hab ich so'n riesen Rucksack, ganz bis oben voll mit Waffeln, Kekse, die schönste Brause, selbstgemachte. Weißt ja, wie man das macht. Hab ich gleich die ganze Klasse versorgt.

Wenn ich mir was wünschen könnte, dann wär ich 'n Reh, und ich würde vom Förster ins Forsthaus mit reingenommen werden. Dann könnt ich mich immer so schön auf'm Heu tummeln. Hab ich auch schon mal gemacht, im Sommer.
Und noch was ganz Schönes, daß einmal die Sonne zu mir kommt und von dem Gold abgibt ... Da hat se sich erst mal 'n bißchen in die Kühle gesetzt, da is se nich so warm ... Dann hat die 'n ganz goldenes Kleid angehabt und dann so goldene Beine, goldene Schuhe ... 'n schöne

schöne Schatztruhe hat se mir gegeben, da warn ganz viele Sachen drinne. Und ich würd mir wünschen, daß ich irgendwann mal auch so fliegen könnte, noch viel höher. Und, daß ich mal Schriftsteller werde. Ich hab Bücher geschrieben, kleine. Und einmal, daß ich noch viel mehr schöne Bücher habe.

Anna · 7 Jahre

Ein Büchlein von Kindern – für Erwachsene. Texte, an denen aber auch die Sammler dieser Reihe, nämlich Leser ab sieben, Anteil nehmen werden. Und so versteht sich das Heft als Anstoß zum Nachdenken, zum Gespräch in der Familie.

Denn ist Kindheit tatsächlich ein Zustand paradiesischer Unschuld, weltferner Unbelastetheit und ungebrochener Daseinsfreude?

Die Äußerungen der Kinder belegen: die »großen« Fragen des Lebens – Frieden und Krieg, Geburt und Tod, Liebe und Einsamkeit – machen um die »kleinen« Menschen keinen Bogen. Im Gegenteil. Der Abschnitt menschlichen Daseins, den wir mitunter leichtfertig als »Vorbereitung auf das Leben« bezeichnen, ist intensivstes Leben, heftige Auseinandersetzung mit der Welt in ihrer ganzen Widersprüchlichkeit. Da gibt es ebenso Siege und Niederlagen, Sehnsüchte und Enttäuschungen, Glück und Kummer – auf dem konfliktreichen Weg zu sich selbst im Gleichklang oder in der Konfrontation mit der sozialen Gemeinschaft.

Die hier vorgestellten Auskünfte über direkt erlebte Kindheit sind Gesprächen entnommen, die Karola Keller, Petra Schütt und die Herausgeberin mit Berliner Kindern führten. Die Äußerungen sind authentisch. Sie wurden lediglich verknappt, um langatmige Wiederholungen zu vermeiden. Die Gespräche sind in der Umgangssprache notiert, um dem Leser die Möglichkeit zu geben, ein wenig an der Lebendigkeit der Gespräche teilzunehmen.

Wir Erwachsenen werden die Selbstaussagen der Kinder wohl immer wieder als eine Aufforderung erleben, uns selbst und unsere Haltung gegenüber Kindern aus einer neuen Perspektive zu betrachten. Der Blick, den die Kinder auf uns richten, ist mitunter irritierend direkt, und die Lakonie der kindlichen Beobachtung und Beschreibung erlaubt keine Ausflüchte. Vor Kindern können wir uns nicht maskieren. Um so mehr können uns ihre spontanen, unbekümmerten und zugleich ernsthaften Mitteilungen zum Impuls werden, uns selber mit

einem anderen als dem uns gewohnten, eingeschliffenen Blick ins Gesicht zu sehen.
Der Blick der Kinder ist, auch wenn er manchmal verletzen, ja verwunden möchte, immer ein Suchen nach Verständigung. Jede Zeile der Protokolle gleicht einem Appell, wie sehr sie uns als Partner brauchen und annehmen – als Ratgeber, als Zuhörer, als Vorbild, als Garant für Liebe, Geborgenheit, Ermutigung – im kleinen Kreis der Familie wie im großen Verbund der Gesellschaft. In gleicher Weise machen die Äußerungen der Kinder darauf aufmerksam, in welchem Maße wir Erwachsenen verantwortlich sind für das seelische Gleichgewicht der Kinder und für ihre Art der Verarbeitung von Konflikten.
Die Selbstaussagen belegen, daß Kinder neben ihrer überschäumenden Lachlust, ihrer unbändigen Heiterkeit, ihrem Drang, albern zu sein und Blödsinn zu treiben, mitunter auch sehr einsam sein können und verstört bis zur Verzweiflung. Letzteres muß nicht das Resultat bewußter oder ungewollter Vernachlässigung sein, denn die Protokolle zeigen sehr deutlich: kindliche Liebe ist gebieterisch und wegen ihres Ausschließlichkeitsanspruchs nicht immer zu befriedigen. Aber wenn wir selbst alle Liebe geben, dann verfügen Kinder über die wunderbare Fähigkeit zum sprunghaften emotionalen Wechsel, zum sekundenschnellen Vergessen, womit sie imstande sind, momentan Belastendes schnell wieder auszugleichen.
Die hier vorgestellten Selbstaussagen stellen nostalgisch verklärte Ansichten über Kindheit in Frage. Damit sind sie zugleich Mahnung und Bestätigung, daß unsere Kinder nichts notwendiger brauchen als unser uneingeschränktes Vertrauen, unsere Geduld und Güte.

Kristin Wardetzky

Juli 1987

Die Bilder malten und zeichneten Kinder der 1. bis 4. Klassen unter Anleitung der Kunsterzieher Helga Bernhard, Dr. Siegfried Göritz und Andreas Friedländer

1. Auflage 1990
Lizenznummer 369-110/85/90

Bildnachweis: Archiv Verlag Volk und Wissen, Berlin
Herstellung: Druckerei Phönix, Berlin
785 965 6 00480

ISBN 3-357-00405-4